JN409118

시월의 그날

지성 · 감성의 메타언어
조선문학시인선 · 395

시월의 그날

박 필 경 시집

조선문학사

■ 책머리에

시심을 닦으며 밤잠을 설치고 쓴 시를 가슴 떨리는 환희를 느끼며 첫 시집을 낼 때가 엊그제 같은데 세월의 수레바퀴는 돌고 돌아 벌써 19년이란 삶의 고개를 넘어 왔다.

제3시집을 낸 지가 벌써 10년. 지나온 삶의 지혜를 바탕으로 인생의 여로에서 생긴 삶의 향기를 모아 제4시집으로 묶어 본다.

교직 생활을 했던 저의 남편의 팔순을 성신고등학교 제38회 제자들이 축하해 주시어 고마움과 기쁨으로 동문들께 감사드린다.

이 시집이 나오기까지 격려와 애정을 주신 지인과 선·후배 동료들 그리고 가족과 친지에게 감사드리며, 숨 막히는 더위에도 평설을 써주신 박진환 박사님께 진심으로 감사드린다.

2014년 매미소리 들으며

박필경

시월의 그날 차례

제1부
삶의 향기

제2부
비경의 경이로운 등산

제3부
우정의 시간들

제4부
시월의 그날

제5부
시집 평설

제1부

삶의 향기

나의 시는

영혼의 구근인 신앙을 토대로
생의 희로애락의 텃밭에서
삶의 향기를 마음으로 빚어냅니다

역마살 낀 삶의 몽상 끝에서
미명 속을 헤쳐 나갈 수 있는 먼 여행과
인생의 여로에서 잉태되어 출산된
산물로 날마다 비상을 꿈꿉니다

소라 한 쌍 귀걸이로 걸고
자연의 온갖 순수한 소리로
나는 살아 숨을 쉬며
들꽃 한 송이에도 가슴 떨리는
환희를 느낍니다

바쁜 삶에서 건져 올린 한 편의 시는
어려운 역경도 쉽게 넘기게 합니다
일상의 삶에 쾌감과 생동감을 줍니다

물길 따라

호수는 푸른 하늘을 담고
산 그림자를 키우며
수평의 잔물결 어깨동무하고
평화로운 넓은 마음

실개천 모여 속으로 흐르는 숨길에
잠 못 이루는 추억을 달래며
농익은 그리움의 소용돌이

부패하고 정지된 삶을 피해
또다시 길 떠나야 하는
역마살 낀 본성

순환하다 낮은 곳으로 흘러
벼랑에 투신하는
호기심 많은 삶

부딪치고 부서지고 멍든 행로이지만
상처뿐인 아픔의 세월

마음속 깊이 묻어두고
끊임없이 희망을 향해가는
언제나 넓고 푸른 가슴 뛰는
끈질긴 생명력 보네

호숫가에 앉아

달뜬 석양이 호수에 빠져 신열을 식힌다
천지에 봄빛만 가득한데
물가에 홀로 앉아 잔물결로
가슴 적셔보는 호젓한 시간

지느러미 팔딱이며 살아온 세월과
달려온 연륜으로 감아온
그리움의 사연 물비늘에 담아
환상의 꽃꽂이를 한다

일장춘몽인 삶에 연연하여
마음에 고통을 주고 고통을 받고
노을 위에 핀 삶의 꽃 작품 하나
석양의 물든 호수에 긴 낚싯줄 던져
당기며 끌고 간다

목련꽃 나무에 기대어

목련꽃 나무에 기대어
가지와 가지 사이
푸른 호수를 본다

허한 바람이
가슴을 비집고 들어와
깊은 골에 아로새긴 슬픔

못내 갈증으로
가만히 귀 기울이면
풀무질하는 먼 강물소리

햇빛이 침을 꽂아
봄 햇살에 취한 꽃순

뿌리 깊은 곳에서
아득히 들리는 용틀임 소리
동면하는 나무를 깨우려
싱그러운 빗장을 연다

피아노 독주

쏟아지는 비는 록 음을 밀치고
쉬임없이 맑은 구슬로 포도 위를
건반 삼아 두드리더니
옥구슬 구르는 소리가 튕겨 나와
빗속의 발걸음도 가볍다

그녀의 가늘고 긴 손가락이 고르는
음표 따라 파닥이며 일어서는
선율의 푸른 물고기

바흐 베토벤 슈만이 풀어놓은
파도의 칼 하나씩을 골라잡아
예술의 전당에선
한 소절씩 음을 잘라
식탁에 올리는 성찬의 요리가 한창이다

산정호수에서

침략군의 횡포이듯
동장군의 졸개들이
밤 내 창을 발길질 하더니

어디로 쫓겨 갔는지
먹구름 걷히고
하얀 첫눈 머리에 인 산정이
아침을 파란 보자기로 펼쳐놓았다

호수에는
금붕어 떼 헤엄치듯
물든 단풍잎 가을로 떠 있는데
울타리 치듯 능선마다
흰 눈으로 둘러쳐져 있다

가을과 겨울 사이를 걸으며
오랜만에 일상을 저만치 한
한가가
따뜻한 체온으로 가슴에 번져 온다

간월암

파아란 하늘과 파아란 바다가
입맞춤하여 잉태한
간월암

밀물일 땐 작은 섬에
청아한 스님의 불경소리
물결의 파장이 되어
가슴마다 번지고

썰물일 땐 작은 육지
세속의 삶 끊지 못하고
육지와 탯줄로 이어진 작은 암자는
호기심 많은 나그네에게 길을 열어주네

섬이 되었다 육지가 되었다
나그네 마음 설레이게 하는
무학대사가 창건한 아름다운 암자

해맑은 초가을 푸른 바다 위에
떠 있는 예쁜 섬 하나
나그네 가슴에 담고 가네

비 개인 날

오랜 장마 비구름에 갇혀
모습을 볼 수 없던 태양
비 개인 날
쏟아지는 금빛 햇살은
그리웠던 사랑이다

안개구름은 호암산 정상을 넘어가고
이십여 년 자란 아스파라가스는
푸르름 절정의 산이다

날개 접었던 잠자리 열댓 마리
머리 위를 맴돌며
비행 곡예로 창공을 휘젓고

양팔 벌린 겨드랑이 스치는
바람 한 줄기에
심신은 깃털 되어
훌라후프를 천 번 넘게 돌리며
한 마리 잠자리 되어
무아경에 빠져본다

아스파라가스를 보며

오랜 장마 동안
가녀린 줄기에 매달린
새털 같은 잎새를 살찌우더니
비 개인 날 쏟아지는 햇살과
미세한 떨림으로 포갠 입맞춤
부끄러운 미소를 여린 잎으로 가리네

해맑은 햇살 쏟아지는 어느 날
가녀린 잎새 끝마다 하얀 별꽃을 피우고
한아름의 부케에 매달려
여린 떨림으로 흔들리는 청순한 신부
이십여 년 보살펴온 보람을 보여주네

꽃이 지고 새털 같은 잎새 끝마다
녹두알만큼의 파란 열매
새아씨 임무를 다하는
한 여인의 생을 너를 통해 보는 것 같아
애련함이 가슴에 꽉차오는
비 개인 날 오후 한때

연둣빛 오월

하얀 눈사태로 핀 아카시아꽃
오월의 신록에도 녹지 않는 눈

금빛 햇살을 입질하는
연못 속 물고기들이
저마다 비만증에 걸려 있다

향그러운 바람이 문지르는
코끝
알레르기도 없이 나는 재채기

연둣빛 시야의 액자 속에 담긴
그리움이
파스텔톤으로 가만히 번지는
오후 한때

아카시아 향의 늪 속에 빠져
헤어날 줄 모르는
먼 향수

상상화

\- 꽃 무릇

불갑산은 밤사이 초경을 했나보다
초입부터 산 아랫도리가
빨갛게 물들어 있다

기다리고 또 기다린 시간
목을 길게 뽑아 보지만
그 어디를 살펴봐도
푸르고 건장한 그의 모습은 보이지 않는다

분명 어디쯤 있을 거라던
약속
기다림에 지친 고개
무겁다
무겁고 무거워 자꾸 숙여진다

저 멀리 들려오는 그의 발자국 소리
횃불 들고 나를 찾는 소리
고개를 들 수가 없다

목단꽃

유리창은 처 놓은 차일
열자 봇물처럼 흘러 들어오는
오월의 아침 햇살
햇살에 입술이 찔린
목단꽃은 찔려 입술 못 떼는 벙어리

나비 한 쌍
장난기라도 도졌는지
입술 간질인다

갓 백일 지난 손녀도 벙어리
벙어리끼리 나누는 미소가
함께 목단꽃으로 피어 있다

뒤돌아볼 여유도 없이 달려온 삶
잠시 발길 멈추고 서서
뒤돌아보는 가버린 날의
젊은 시절

칠월의 신부 시베리아꽃

지난밤 천둥 번개 창문을 두드리더니
한바탕 폭우가 쏟아져
꽃 피우기 위해 아픔을 딛고 온
눈물인가보다

화창한 아침에 커다란 창문을 여니
화사하게 다가온 칠월의 신부
고귀한 기품과 고고한 자태의
시베리아 꽃무리
하이얀 속살 드러내며 활짝 웃는다

무더위에 지친 심신 꽃잎에 돋은 솜털 침으로
소름을 돋게 하는 자태 속에 담은 그 향기
행복의 절정이다

앞으로 다가올 긴 삶일랑
먼 미래로 밀어두고
아름다움의 설레임에
파아란 하늘 냄새가 난다

청도 감나무골

굽이굽이 산골 굽이 재 하나 꼴딱 넘어가니
가로수도 감나무
울타리도 학교담도 산에도 들에도
온통 씨앗 없는 감나무
빨강 예쁜 등 손에 손에 들고
온 마을이 나그네 반기네

예쁨과 사랑스러움과 달콤함과
환희를 샘솟게 하는 요술쟁이 빨강 등
마을에 머무는 동안 홍등에 감전되어
시간이 유수 같네

올 가을엔 내 마음속에 홍등이 켜 있어
삶에 지쳐 힘겨울 때
빨갛게 달굼질 해줄
가슴에 꽉 찬 아름다운 홍등

새벽 바닷가

옷깃을 여미게 하는 새벽 바닷가
여명은 조금씩 눈동자를 밝히고
밤새 어둠이 바닷물을 삼켜버린
긴 모래사장엔
한 여름내 북적대던 인파
계절 따라 떠나가 버리고
아침식사 만찬에 갈매기 떼 날아든다

공들여 쌓은 성은
심술쟁이 파도가 쓸고 가버려
다시 쌓는 삶의 성은 힘겨운 여정이다

가슴속에 쌓아둔 무지개 꿈
세월 따라 소멸해가는 허무함

추억의 만찬을 즐기는
늦가을 새벽 바닷가
해초 내음의 잔을 마시며
기나긴 모래사장을 걷는다

팔월 마지막 날

백만년의 더위는
삼라만상을 가마솥에 넣고 찜질 한다

더위가 더할수록 매미는
앙칼진 목소리로 따갑다 따갑다 고함을 질러대고

나뭇잎 부채삼아 흔들어 보지만
뜨거운 바람만 겹치기로 숨이 가쁘다

몸으로 불 지른 짧은 삶
목숨 바친 열정적인 생이지만
계절의 바퀴는 어김없이 찾아와
조석의 서늘한 바람으로 발자국을 재촉하고

목이 쉰 매미는 팔월의 꼬리를 붙잡고
이별을 아쉬워하고 있다

.봉평에서

하느님은 천재 화가
높고 푸른 도화지 하늘에 펼쳐 놓고
양떼 무리 풀을 뜯는 평화로운 한때
그 옆엔 크고 작은 빙산들이
푸른 바다를 떠다니는
아름다운 풍경
초가을 짙푸른 하늘 도화지에
그렸다 지웠다 그림을 그리신다

봉평에는 메밀꽃밭째
펼쳐 놓은 하얀 도화지
백색과 꽃향기에 마취되어
환상 속을 걷는다

이효석의 메밀꽃 필 무렵
스토리를 머릿속에 스케치하며
허생원과 동이와 나귀를
메밀꽃 흰 도화지 위에
환상의 색연필로 그림을 그린다

하느님도 나도 환상에 빠져
멋진 도화사가 되어
초가을 한 편의 그림이
내 시야에 걸려 있다

오두막집

둘러친 돌담에 갇힌 오두막집
울타리 밖으로 초병처럼
소나무 가지들이 둘러서서
스크랩을 짜고 있다

갇히면 열리기도 하는 법
사랑을 주고 사랑을 받고
미움을 주고 미움을 받고

삶에 지쳐 창문을 활짝 열면
푸르게 푸르게 다가오는
청송의 숨결

솔향에 취해 살 수만 있다면
울타리에 갇혀 사는 것도
행복인 것을
오두막집에 살아보면
터득할 수 있을까

빗소리

몇 날을 계속
굵은 빗줄기는
화살촉이 되어 내려 꽂혀
우리 속에 갇힌 짐승을 가둬놓는다

알 수 없는 우울과 슬픔이
가슴에 꽉 차
삶의 찌꺼기에서 곰팡이 꽃이 피어
터질 것만 같은
이 무능

때로는 먹구름 속에
강력한 스프라이트의 폭발로
이기와 욕심으로 평화를 찾지 못하는
암투

벽에 기대고 앉아
빗소리 이삭을 주우며
내 안에 또 다른 내가
우산을 펼쳐 들고
현관을 나선다

입동

이른 새벽 산새들 날아와
아침 잠을 깨운다

가지 많은 감나무는 상실의 계절 위에
아픔의 세월 옷자락 한 겹 두 겹 벗어놓고
세찬 바람 손 펼쳐 마저 달라고 조르지만
하늘은 붉은 감 한 알 꼭 움켜쥐고 있다

산새 한 마리 날아와
허기진 배를 채우고
날아든 동료에게 그 자리 물려주며
나누어 먹을 줄 아는 저 베품

인간적 한계를 뛰어넘을 수 없어
갈등하는 마음은
자연의 아름다운 순리에
고요히 취해 흔들려 가고 있다

땅이 시작되는 곳에서

앞만 보고 달려온 발걸음이
발자국으로는 내디딜 수 없는
바다를 앞에 하고 섰다

반갑다는 것인지 속진의 얼룩이라도
닦아주려는 것인지 손을 내밀며 달려오는
땅 끝에서 시작되는 바다

먼 수평 향해 마음 한 자락 펼쳐
편린의 조각배로 띄워보내며
남은 욕망의 무게를
파도 깊이 수장해 본다

바다가 끝나는 곳에서
되돌리는 발자국으로
새로운 생의 출발을 삼고 싶다

제2부

비경의 경이로운 등산

눈 속의 설악

설악은 큰 곰이 되어
하얀 솜이불 뒤집어쓰고
깊은 침묵의 동면에 취해 있다

허리 굽은 소나무 등에 백설 한 짐 지고 끙끙대니
보다 못한 바람 한줄기 그 짐 훌훌 털어주고
청솔향기 등을 민다

해산을 끝낸 파란 하늘도 설악에 빠져
호수처럼 갇혀 있고
산천초목은 반짝이는 햇살 품으며
자궁의 안식을 음미한다

더운 가슴의 설인이 되어
가만히 귀 기울이니 어디선가 들려오는
먼 그리움 펴내는 개울물 소리
잠든 가슴 설레이게 하고
순수한 눈빛으로
님 찾아 갈길 재촉한다

울산바위 올라

설악 초입부터
긴장의 이빨을 세운 아이젠이
뽀드득 뽀드득 산의 등어리를 찍어댔다

바위에 오르기 위해서는
철 사닥다리를 밟아야 했고
한 계단 한 계단 오를 때마다
지상은 한사코 뒤로 물러섰다

갈기 세운 허기진 바람이
갉아대는 바위 모서리로
하늘은 멀리
수평의 선을 그으며 돌아서고

돌아선 길목에는
동해바다가 무릎을 꿇은 채
통곡하고 있었다

헐떡이며 정복한 몇 분만의 환희
기축년 일월 첫 등산 바위의 기를 받아

활기찬 한해를 기원하며
하산 길에도 아이젠은
날 세운 이빨을 접지 못했다

십이선녀탕

남교리에서 오르는 새벽 등산길은 가파른 비탈길
보슬비는 더위를 식혀주고
유월의 푸르는 잎새와 산새소리는
지친 영혼 씻어준다

큰 폭포 위에 올라서니
내설악은 새하얀 안개 바다
봉우리마다 돌섬이 되어 머리만 내어밀고
선녀라도 날아오를 것만 같은
착각에 잠기게 한다

대승령의 정복은 운무의 날개를 타고
이 산 저 산 날으며 아름다운 비경의 경이로움에
먼 그리움 같은 마음 설레게 한다

계곡 따라 걷는 길은 슬픔조차 환희의 꽃이 되고
실핏줄의 폭포가 몰려와 큰 동맥 폭포와 한데 어울려
활기찬 먼 여행을 떠난다

슬픈 넋이 아니라면 결코 저리 눈부시게
아름다울 수 없는 법
생애에 뼛속 깊이 한과 고통을 저며 넣은 이들만이
느낄 수 있는 화살촉 같은 물살이
내 심장에 꽂히고 있었다

내설악의 자궁 속은 순수한 선녀의 집
영육을 함께하는 아름다운 쉼터
눈을 감으면 심장박동이 폭포수를 쏟아낸다

강화도 마니산

단군로의 능선 따라 오르는 길은
서해 바다가 엎드려 절하고
폭포처럼 쏟아지는 겨울 햇살이
조선의 아침을 열듯 서기롭다

멀리 남쪽으론 어머니 같은 한라산의 음기와
북쪽으론 아버지 같은 백두산의 양기가
어우러진 어중간에
시조 단군왕검에게 제 올리던 참성단
마니산이 있다

단 앞에 올라서니
밤새 닦은 하늘이 말갛게 닦인 얼굴을 내밀고
삐걱대던 내 가슴의 덧문도
활짝 열어준다

앞만 보고 달려온 세월의 뒤안길
푸른 꿈 되새김질 하며
정초부터 정기 받아
이 산 저 산 날개 달고 날아다녀 본다

선운사의 봄

대웅전 법당 앞에 모인 사람들은
백배 천배 발원으로
영혼의 꿈을 키우고

뒤뜰 동백꽃들은
도솔암 길목 밝혀
정토로 가는 길을 열고 있다

천마봉 오르는 길은
숨차기가 고해의 파도보다 높고
순수의 비탈진 고갯길의 행려로
나그네를 세운다

탁 트인 정상은 열린 하늘
숭숭숭 뚫린 가슴으로
선풍이 든 바람이 빠져 나갔다

이 산 저 산 훨훨 날아
둥둥 떠다니는
한 점 구름이 되고 싶은
무욕의 하루여

용문산을 오르며

황금빛 압각수는
초입부터 가두 환영으로 나섰다

사찰 앞
천 백년 묶은 문지기로 서 있는 압각수
색동옷 입은 사찰은
푸른 바다 잔물결이다

이황은 산 오르는 것은
글 읽기와 같다고 하였으나
산 오르는 것은
인생의 고개를 넘는 거와 같다

가파른 삶의 계단을 힘겹게 오르면
잠깐 숨 돌릴 수 있는 평지
회한의 전율도 잠시 아픈 세월의 비탈을
목마른 현실의 고통을 꾹꾹 참으며
오르고 또 올라 자신의 버팀목을 꺼낸다
힘겨운 악산이다

자연의 치유력은 경이로와
마음 비우고 조금씩 자연을 닮아가면
비탈진 하산은
푸른 바다 잔물결이다

안개 속에 갇혀

새벽부터 핀 물안개는
산천초목을 점령했다

초입부터 영롱한 진주알을 단
가지들은 보석 밭

사방의 안개 벽에 갇히듯
물안개에 갇힌 것은 영혼을 달래며

슬픈 넋이 아니라면 결코
저리 눈부시게 영롱할 수 없다고
안개 풀어 한 세상 펼쳐 놓고

산사람들의 넋을 송두리째 빼앗아간
가지마다 달려 있는 저 눈망울
찰나에 호흡이 멈추고 찰나에 숨을 쉬는
멈춤과 쉼 사이에서
잠시 속세를 잊어본다

제비봉

충북 단양 학선어골에서 오르는 길은
초입부터 가파른 절벽이었다

기암괴석과 키 재기로 서 있는
푸른 소나무가 펼치는 비경은
차오르는 숨결보다 더 기가 차게 했다

제비봉 정상에 올라 굽어본 산자락
숲은 꽉 찬 속살을 조금씩 비워
순리대로 겸손하게 계절을 맞이하고
상큼한 바람에 떨구는 잎새
가랑거리는 잔기침을 삭히고 있다

별빛들이 푸른 비늘로 반짝이는
충주호에 발을 담그고
제 모습 굽어보는 산을 돌며
유람선은 하얀 거품으로
어둠을 헹궈냈다

사량도

나를 버리기 위해 오르고 또 오르는
지리 망산의 정상
헉헉 숨이 찬 육신과는 달리
영혼은 더 높은 푸른 하늘과
푸른 바다 위를 난다

날개 접으면 춤추는 무녀
시퍼런 칼날 세운 가마봉 정상에서 춤을 춘다

아비에게 겁탈 당하고
몸을 던졌다는 옥녀봉 정상을
로프에 매달려 하산했다

다시 발길 닿는 곳은 사량도
뱀처럼 또아리 틀던 헛된 욕망 풀어내고
사랑 하나 가슴에 담고 간다

※ 뱀이 많은 사량도에 부녀가 살았는데 홀아비가 딸을 범해 옥녀봉에서 자살을 한 저주 때문에 그 섬에서는 결혼식을 못 올린다는 전설이 있음.

불꽃같이

황금빛 노을은
늦가을 단풍 능선을 걸어 넘어가고
높고 푸른 하늘엔
하나 둘씩 별들이 기어 나온다

해발 700m 고지에서의 싸늘한 밤
옷깃을 여며 체온을 간직케 하고
통나무 모닥불로 뎁힌
가슴으로 익힌 꽃잎 뜯어
빨강 불꽃은 날개 펼쳐 하늘로 날아가고
고구마와 감자도 익어가고 있었다

생과 이상과 감정과 꿈도 따라 익는
모두들 하나의 불꽃으로 뛰어 들어
마음속 불나방의 정열을 태우고

삶의 뒤안길에서 어둠 밝히던 불꽃은
한줌 소지가 되고
남은 여정 미래로 말며
뜨겁게 불꽃으로 태우리

안개 속 새벽 등산길

새털 같은 안개는
오월의 짙은 숲을 가슴에 꼭 껴안고
두려운 감을 조여 오고 있었다

뻐꾹새 소리마저 음산하게 들리며
바스락 낙엽 소리에도
머리카락이 곤두섰다

여명이 밝아 와도 안개 속에 갇힌 태양은
좀처럼 모습을 드러내지 않고
오솔길만 보이는 새벽 산속의 정적은
공포의 순간이었다

인기척에 놀라 온갖 두려움의 환상에 쫓겨
높고 낮은 산길을 최선을 다해
여러 사람 있는 곳을 향해 질주하였다

사람이 사람을 무서워해야 하는
서글프고 한심한 현세
풀 위에 주저앉아 한숨만 쉬었다

소백산 비로봉

배점리에서 오르는 길은 긴 녹색터널
잠깬 산새소리에 발맞추며
자연의 향기에 취해
오르고 또 오르는 철쭉 산행

턱에까지 숨이 차오르는 목마름을
약수 한 잔으로 해갈하며
삶의 찌꺼기를 땀방울로 헹궈내어
자연으로 수혈한 마음 초록 색깔로 물든다

우뚝 솟은 비로봉 정상에 올라
파아란 하늘을 마시며
두 팔 벌려 허드러진 연분홍 철쭉꽃 저고리로 입고
내려다본 주름진 능선은 굽이치는 초록색 치마폭

폭죽으로 쏟아지는 금빛햇살 머리에 이고
가슴벅찬 정복감에 도취경 어디쯤 깊이에서
온갖 자연의 아름다움을
서정이 빈 가슴에 채우며
충만해진 영혼으로 조물주께 두손 모은다

무의도

영종도 선착장에 연락선은
고래가 되어 사람과 차를 꿀꺽 삼켰다가
무의도 뱃전에 토해 놓았다

석유 먹은 갑충들은 하나 둘
도로를 따라 섬으로 빨려 들어가고
마을은 버섯처럼 옹기종기 모여 있다

무지개다리를 건너 산행은
바람 한 점 없는 삼복의 불가마
손수건은 계속 눈물을 흘려대고
가쁜 숨은 목까지 차올랐다

호룡곡산의 정상은
가슴을 활짝 열어주는 선경
푸른 바다를 띠로 두른 무의도는
오월의 신록을 굽이굽이 치마로 둘렀다

세상 모든 욕망 다 버리고
이 섬에 둥지 하나 틀고
푸르름에 빠져 머무르고 싶었다

보길도 세연정

개화를 즐기는 봄 햇살은
꽃 옆에 서 있는 심사도 설레이게 하고
연못을 따라 흐르는 맑은 물은
도심에서 찌든
마음의 때를 씻어준다

사방의 문을 활짝 열어 놓은 정자에서는
윤선도의 어부사시사가
정갈한 친구의 목소리로
얼마 전에 들은 긴 소리 가락으로
귓전에 맴돌고

허리 구부린 늙은 소나무가지
바람 따라 세월을 부채질 하며
사투암에 올라선
나그네 발목 붙잡아 세워놓아
옛님의 마음 헤아리니
시 한 수 가슴에서 싹이 튼다

※ 세연정 : 보길도 부용동에 있는 윤선도의 인공호수와 정자.

밀물과 썰물

배 큰 달님이 갈증을 느껴
바닷물을 모두 마셔버렸는지
추자도의 갯바위 섬은
고슴도치 같이 앙상하다

돌섬 등을 골라 디디며
흩어지는 게를 쫓는
시방 나는 어리디 어린 유년

달님의 배설물인 조수가
육지를 향해 달려들자
거북등마냥 작아진 돌섬 등에 앉아
거대한 대자연의 심장박동에
점 하나인 가슴이 통통거렸다

먼 추억을 싣고 오는 바다의 방랑자
해파리는 김삿갓마냥
챙 넓은 모자를 눌러쓰고
유유히 빠른 물살을 즐기고

낚시에 도취된 짧은 하루가
어느덧 기울어
붉은 양탄자로 길을 내어 놓고
나의 귀가를 재촉한다

보리산을 오르며

뽀드득 뽀드득
처녀 눈밭을 밟고 오르는 산행
정적을 깨뜨린다

뽀드득 소리에
먼 동심이 달려오고
꿈속을 헤매던 먼 젊은 날이 달려온다

빽빽한 잣나무 숲은 굳은 의지로 서 있고
낙엽송 소복히 쌓여
김이 모락 모락 피어나는
멍석만한 명당자리는
나를 잡아 끌어 앉히며 쉬어가란다

세상은 온통 새하얀 설국
반짝 반짝 햇살 받아
별빛 속을 헤매이는 환상속

송림 사이를 선풍이 달려와
알 수 없는 쓸쓸함과 아련한 애틋함이
갈비뼈를 비집고 파고든다

먼 그리움이
동면을 깨고 일어나
조금씩 새싹을 틔운다

선자령 고개

뽀드득 뽀드득 밟히는
발자국 소리가 일으키는 자장은
발끝에서 머리털 끝까지
짜릿한 전율을 느끼게 했다

쏟아지는 햇살에도 몸 풀지 않는
금빛으로 반짝이는 얼음꽃이
잠시 금박됐다 다시 제 표정을 찾았다

고독한 빛의 눈물이 결정된
굶주린 사랑에도 살을 떼어주지 않고
견고히 다듬은 창살

한겨울 내내 폭설과의 동침을 끝내고
이제는 가야할 때
풍성한 녹음과 결실의 가을을 향하여
성숙된 사랑과 결별

내 생명의 마지막 남은 영혼의 눈물
쉬임없이 돌아가는
풍차에 삶을 싣고 선자령을 넘는다

폭설 속에서

계방산 중턱 양옆에 쌓인 눈높이는
키 재기를 하자하고
뽀드득 뽀드득 리듬을 타며
오르고 또 오르는 비탈길

지열은 아이젠을 한 발목을 잡아당기고
나무 가지마다 설화는 피어
새하얀 동굴 속을 헤매이는 산행

눈 꽃송이와 같은 삶에 연연하여
마음에 상처를 주고 상처를 받고
한 굽이 넘어가면 또 한 굽이가 기다리고
인내심을 짜아내며 생의 꼬리를 붙잡는다

산 정상 눈보라의 추위에 움츠려든 심신
커피 한 잔의 따뜻함은 잠시일 뿐
폭설은 하산을 재촉하고
설원의 자궁 속에서 생사의 끝자락을
헤매이다 출산한
상쾌한 성취감을 주는 하루

괘방산 설화

괘방산 정상에 오르는 눈길
산과 하나가 되자고
뿌리며 안으며 덮으며
종일 눈발을 날린다

가지란 가지
죄다 설화로 피워
이 좋은 세상에 함께 살자고
뿌리고 또 뿌려
하나가 되자고 한다

하나가 되어
몸 섞자며
섞어 하나가 되자며

괘방산 산신령이
뿌리며 안으며 덮으며
하나가 되자고 한다

백 삼년만의 폭설

폭설은 세상의 모든 욕망 더러움
모두 묻어 버려
발길을 옮길 때마다
싸각싸각 귀청도 청소한다

발 시린 청설모 한 마리
눈 위를 달리다가
마주친 시선에 놀라 또 달린다

백호의 해에 백설을 밟으니
마음속 깊이에서 엔돌핀이 솟아
오장육부와 혈액순환이
빠른 템포로 춤을 춘다

이천 십년 새 희망을 가슴에 담고
산길을 오르고 또 오르니
마음속 슬픔조차 환희의 꽃이 핀다

제3부

우정의 시간들

여고 동창

낙엽만 굴러도 깔깔대며
교복입고 갈래머리 흔들며 책가방 든 철부지들
환상의 꿈과 이상을 좇아
날개 펼치던 여고 시절
아득한 옛 추억이 되어 그리움으로 떠오른다

초가을 서늘함 갈비뼈 헤집고 들어와
허전한 그리움 역마살이 되어
전국에서 모여든 우리의 만남
경주 별장에서의 일박은
중년이 되어버린 연륜도 잊고
즐겁게 함께 머문 우정의 시간들

남은 여정 국화꽃처럼 꽃 피우기 위해
희로애락 인생살이 가슴에 담고
둥지로 돌아가야 하는 여자의 숙명
낙엽을 밟으며 세월의 발자국을 찍는다

제비꽃밭

개화를 즐기는
따뜻한 봄 햇살
풀숲을 헤치고
댕기머리 제비꽃과 포옹하네

지난봄 떠난 친구 그리워
찾아온 제비꽃밭
여기 저기 작은 보라색 꽃 무리지어
보일 듯 말 듯 풀숲에서
눈인사로 반기네

새봄은 다시 오고 꽃은 피는데
한번 떠난 친구는
돌아올 줄 모르네

올해는 어떤 친구 내 곁을 떠날까
이별이 아쉬워 서글퍼지는 봄
여고 동창모임 같아
아쉬움 안겨주는
보라색 제비꽃밭

우리의 만남

깊고 깊은 가슴속
펌프질 하는 강물 소리에
자장을 일으키는 환희와 아픔의 심상

물찬 제비 같은 때 각자의 길 떠나
다양한 삶의 멀미에 잃어버린 동심

문득문득 떠오르는 그리움과 감상주의는
냉동실에 가두어 놓고
까맣게 잊어버렸던 청춘

젊은 날에 피로써 사무쳤던 붉은 인연
입춘 맞아 태동하는 심장은
맥박을 서두른다

역시 봄은 환생의 계절이다

물살 같이 빠른 세월에 연륜을 얼굴에 담고
가슴에 솟구치는 물기둥으로
소생하는 마음은 물찬 제비 떼 되어
날갯짓 해보는 우리의 만남

열차여행

차창 캔버스 삼아 그려 넣은
강과 설경 자연의 겨울 풍경

헐벗은 나무 가지 끝마다
묻어둔 새까만 밀어 속삭이는지
발그레 부끄러움을 흘리고

숨차게 정선을 오르는 긴 열차 차창 밖으로
탄광의 전성기를 말해주듯
여기저기 뻥 뚫려 있는 검은 굴들이
옛 아픔의 상처인양
뼈아픈 전설을 눈바람으로도
치유하지 못하고 있다

새하얀 눈 덮인 산정은
푸른 소나무를 더욱 푸르게 하고
눈으로도 지우지 못하는
태백산의 스위치백은
열차여행에 취해 고요히 흔들리며 실려간다

묵호역 가까이 다가오니 따라온 듯
멀리 보이는 푸른 바다 멀리 허리 틀고
반백의 여고 동창들은 먼 학창시절로 돌아간 듯
빠끔빠끔 바다를 아가미질 해 본다

벗은 떠나고

모든 자연은 동면에서 깨어나
새싹을 틔우는데
동면에서 깨어나지 못한 벗은
새봄을 반기지 못하고
영원한 잠을 자고 있다

생을 좇는 돋보기 끼고 앞만 보고 달리다가
문득 소멸해 가는 자신을 발견하고
좋아하던 성악을 몇 해 동안 열심히 공부하더니

(나 성악 발표회를 가질 계획이니
사이 사이 너의 시를 낭송해 주렴)

센티멘털하고 낭만적이고 만년 소녀인
그의 목소리 내 귓전에 아직 맴도는데

신은 시샘이라도 한 것일까

암은 무지개 꿈을 빼앗아갔고
투병 끝에 노래의 여운만 남겨두고 떠나버린 벗

한밤내내 구천을 떠도는 너의 슬픈 영혼을 붙잡고
헤매다가 장지에 너를 묻고 돌아서니

삶의 아픔들이 허무의 세월 속을 넘나들고
산 자의 슬픔은 내 흉벽을 때리며
울음으로 부서졌다

정동진의 일출

깊은 잠에서 깨어난
동해 바다와 하늘이 가슴을 열고
담금질 하는 붉은 햇덩이가
구름의 옷을 벗고 솟아오르는 순간
썬크루즈의 조각공원에 서 있는
새하얀 커다란 두 손바닥은
태양을 받아 하늘로 띄운다

햇살 서광으로 뿜어내
깊은 고통의 어둠을 몰아내고
만상의 속살을 드러내는 저 깨우침

황금빛 비늘을 번쩍이며 드러누운 해안길
인간적 욕심의 한계를 뛰어넘을 수 없어
갈등하는 마음을 씻어내고
자신과의 싸움에서 이길 수 있는 한 해를 기원하며

달려온 오로라
두 팔 벌려 가슴에 안아보는 정동진 일출

※ 썬크루즈 : 정동진 해안 절벽 위에 세워진 육상 유람선인 리조트

엔젤 나팔꽃

나팔부대 앞에 서면
베토벤 푸치니 베르디
환청으로 들리는 멜로디
나비의 날개로 메아리 감아온다

젊은 시절
음악다방에 옹기종기 앉아
귀를 나팔로 열고 즐겨 듣던 멜로디
가슴에 떠올라
음계를 밟아보는 시간

추억 속 전당으로 달려가
꽃송이마다
친구의 얼굴 떠올려본다

인생은 긍정적이고 낙천적으로
마음을 비우고 사노라면
즐기면서 살아갈 수 있는
엔젤 나팔꽃 같은 삶인 것을

허브동산에서

아름다운 꽃잎들 고운 빛 발산하고
시월의 단풍은 그 빛을 더한다
페퍼민트 차향을 음미하며
마주한 옛 친구

푸른 꿈을 간직한 채 각자의 길 떠난 먼 여행
희로애락 인생의 삶 사십여 바퀴 돌아
바라만 보아도 눈빛으로 말하는
우리의 대화

과거와 현실 속을 오가며
찻잔에 잠수한 오색 단풍과
주마등같은 옛 추억이
헤엄쳐 사라지는
행복했던 추억의 잔을 마신다

남은 인생 최선을 다해
멋지고 예쁜 삶 살아가자
친구야

올레길

흰 구름 풀어 방목한 한가로운 하늘
긴 세월 묵묵히 걸어와
살아있는 화석으로
작은 섬들을 바다에 띄워놓고
한가를 즐기는 파도

비늘처럼 일어서는 슬픔을 뜯어내며
계절이 바뀔 때마다
삐걱대는 가슴의 덧문에 빗장을 걸어놓고
잡다한 삶의 짐 훌훌 벗어던진 채
호기심 발자국으로 찍으며
올레길을 걷고 있다

계절은 노란 유채꽃 물결에 포로가 되어 갇혀있고
싱싱한 생의 향기를 발길질하며
제주도 올레길을 걷는다

내 고향

파아란 섬진강 물은 옥돌 구르는
해맑은 작은 웃음소리로 흐르고
새하얀 긴 모래사장은 내 유년의 놀이터

햇볕이 용광로 같은 여름
송림은 양팔 크게 벌려 푸른 그늘 만들어 주고
작은 주먹 묻어놓고 고사리 손바닥 두드리며
모래성을 쌓던 유년의 꿈

숨바꼭질 즐거워 소나무 가슴 파고들면
넓은 등 내밀어 작은 체구 감추어 주고

조개껍질 그릇에 솔방울 담아놓고
신접살림하던 소꼽 친구들
소나무 그늘 베고 누워 솔잎 침으로 주사 맞고
병 다 나았다고 깔깔대던 어린 시절의 아랫목

아린 세월 갈피마다 새겨진 소망을 위하여
잠든 영혼 흔들어 깨우는 구근이 된 보물상자

청솔향기 분수로 젖는 내 유년의 안방
가슴 깊이 맺혀있는
그리운 고향 하동

순천만에서

갈대숲길 따라 걸으며 밀어이듯 속삭이는
갈대의 말을 귀동냥 한다

이별이라고 말하는지 반갑다고 건네는 말인지
방언처럼 귀에선 갈대의 속삭임을
따라 걷는다

넓은 습지에 빠져 모가지만 드러낸 석양이
벌겋게 피를 토하고 핏물을 가르며
돌아오는 만선의 목선 하나

무슨 사연일까 먼 그리움 하나 가슴에 찍힌 채
사향처럼 환하게 번지는
흰 머리칼이 무거운 갈대숲에서
가버린 날의 젊음을 붙잡아본다

허무한 삶

눈을 감는다는 것과
감을 수 없다는 것은
본질을 달리한다

내 곁을 떠난 그 친구는
어느 쪽에 서 있을가

눈을 감았다는 부정할 수 없는 사실
그 뒤 어디쯤 다른 세상 있어
그 친구 딴 세상의 삶을 사는 걸까

물질이 영원한 소유가 아니라
일시적 관리임을 그녀가 알았을까

이승의 허무일지라도
저승의 그 무엇과 바꿀 수 없는
삶을 사랑하고 싶다

송림에서

섬진강변 송림은
하얀 모래밭에
그림자로 누워 있었다

강렬한 햇살을 피해
솔밭 가슴을 파고들었던
내 유년의 안방

그림자 차일 삼아
모래성을 쌓던 유년의 꿈

꿈 찾아 왔을까
중년의 여인 하나
송림 그림자와 키 재기로 서 있고

강풍 한 자락
안체를 하며
소매 끌어당긴다

황매산의 철쭉꽃

연둣빛 신록과
꽃향기를 벗한 등산은
가쁜 숨 몰아쉬며 샘솟는 땀방울로
도심에서 찌든 심신의 때를
말끔히 씻어주는 삼림욕

오월은 초경으로 인해
산 정상을 붉게 물들이고도
부끄러움을 모르는
사춘기 소녀

망각해버린 먼 젊음을
삶의 뒤안길에서 더듬으며
아직도 설레임의 늪 속을
헤매이는 중년

작열하는 태양 아래 너나 없이
심신이 꽃빛에 물들어
아름다움에 취해보는
젊음의 계절
오월의 등산

정오의 정적

온갖 소음과 작열하는 태양을 피해
은둔하는 정오
눈길은 작은 화분 푸른 잎 속을 헤엄치며
깊은 시름의 늪 속으로 침잠한다

온갖 잡념의 뜨거운 정열은
땀방울을 돋게 하고
허무한 생의 발자취를 더듬으며
가슴속 응어리를 끌어내어
와인 한 잔으로 희석한다

인생은 절망에서 희망을 향해 방황하다가
종말로 달려가는 나그네인 것을

빽빽이 자란 공상들 속에서
영혼의 방황은 날개를 달고
비상을 꿈꾸는
정오의 정적

가을은 다가오고

가을 햇살
황금 분말로 쏟아지고

한여름에 들인 봉숭아
단풍잎 손가락 끝마다
빨갛게 남아 있다

쌀쌀한 바람 한줄기
저미는 가슴 골마다 파고들고

시간의 길목에서
색동옷 갈아입는
나뭇잎들

내 생의 긴 여정을 되돌아보며
무지갯빛 잎새에
발자국을 찍는다

토함산에서

밤사이 이슬로 목욕한 수림은
해맑은 아침 햇살 끼얹어
방울방울 눈동자 굴리며
상쾌한 산행을 맞이하고
솔향기 풀향기에 취해 오르는 오솔길
감로수 한 잔으로 해갈하며
사욕의 허울을 씻어낸다

토함산을 병풍으로 드리우고
석굴암의 우아한 조각들은
유리벽 속에 안치되어 있고
어릴 적 보았던 본존불은
근엄한 그 인상으로 반겨주었다

초가을 주름진 능선은
비단 옷자락 펼쳐 놓은 듯 화려하고
높고 푸른 하늘엔 밤사이 천사가 잘라놓은
손톱 하나가 낮달로 걸려 있다

정면으로 마주한 태양은
눈동자의 초점을 파괴하여 시선이 머무는 곳마다
해무리로 황갈색이다

비단 옷 걸친 장꿩 한 마리
비탈에 홀로 서서
잠시나마 영육을 휴식하고 하행하는
길손을 배웅하고 있었다

가을 밤

꿈 많고 애틋한 젊은 날은
흩어져 사라지는 구름
앞만 보고 달려온 먼 세월
잠 못 드는 깊은 가을 밤

다시 듣는 사라사테의 지고이네르바이젠
깊은 심금을 헤집고 들어온다

가슴을 에이고 에어
갈갈이 찢어 아픔이 되는 음률은
귀로 갈아 날 세운 칼날
그 칼날에 여직도 잘려나가
피 흘릴 수 있는 가슴을 지니고 있음을
행복해 한다

그 선율 벗하면
생명을 태워 일으켜 세울 수 있을까

각기 다른 꿈을 가졌던 싱싱한 젊은 날
몽롱한 안개속의 주마등같은
그리움의 필름을 돌리며 되새김질 한다

그 벗들 지금 어디메서
즐겨듣던 음률을 감상하고 있을까
불면의 밤
늦가을 빗방울이
왜 내 눈에서 흐르는 걸까

제4부

시월의 그날

가족

한 지붕 아래 일곱 식구 생을 일구며
오순도순 살아온 세월

시부모 모시기 삼십여 년
그중 반은 간병인으로 살았고
삼남매 자식들 위해서는
새벽잠 설치며 도시락 장수로 살았으니
모진 세월이 아니었던가

시간의 바퀴 멈추지 않고 돌아
시부모님은 세상 떠나시고
삼남매 출가로 집 떠나니
껍데기만 남은 두 사람

조용한 적막으로
빈 공간 채울 때면
긴긴 겨울밤 함박눈 내려 쌓이듯
켜켜로 그리움이 쌓이는구나

당신은

밤새 닦은 더 높은 가을 하늘
상큼한 푸른 냄새가 난다
교편생활 사십여 년 사회생활 사십여 년
일곱 식구 보살피느라 검은 머리 파뿌리가 되었고

일장춘몽인 삶의 늪에 빠져
미움을 주고 미움을 받고
희로애락 고달픈 삶이 어언 팔십이 되었구료

비늘처럼 일어서는 슬픔을 가슴에 담았지만
구겨진 삶을 반듯하게 세우고
욕심을 버린 황혼의 삶으로
스승을 챙기는 제자들의 고마운 마음 위안을 삼고

가을 하늘 푸른 냄새에 취해
바보 철부지 서로 만나
저장해 놓은 가을 햇살처럼
미운 정 고운 정 사십오 년의 세월
당신과 나는 영원한 동반자

한가위

들에는 누런 곡식 풍년을 예고하고
과일은 주렁주렁 포만감을 주네

아들 딸 사위 며느리 손자 손녀
식구들 모두 모여
왁자지껄 웃음 꽃피어
집안이 들썩 들썩

창밖에 귀뚜라미 밤새 부르는 자장가는
밤잠을 설치게 하여
창문을 스르르 여니
둥근달은 목련꽃 나무에 걸터앉아
환한 미소를 보낸다

시원한 밤바람 내 뺨을 스치니
해마다 오는 한가위이지만
항상 오늘만 같았으면 하고
우리 부부는 염원한다

시월의 그날

오색 단풍 고운 빛에 설레이고
깊은 하늘 푸른 냄새에 취해
성당의 계단 오르내리며
청춘이 빗장을 열 때
마법에 걸린 듯 사랑에 빠졌지

시월의 그날
성가대원들 축가의 구름을 타고
천사의 날개처럼 하얀 드레스는 떨렸고
웨딩마치는 눈을 감아도 별들만 반짝거렸지

서로의 향기로운 사랑 간직하고
쉬이 상처받을 수 있고 치유될 수 있는
가족의 행복은 자리 잡아 갔지
삶은 다양하지만 아이들 웃음보고 달려온 세월
며느리 아내 엄마가 되는
교육 없는 삶 부딪히며 사노라고
가슴 적시는 일도 많았지만
고개마다 삶의 의미를 부여해
희망의 고리를 붙잡았지

인생을 다시 한 번 살아간다면
곱고 행복한 삶 살아갈 텐데
저무는 황혼이 기다리고 있으니
사십오 년 세월의 바퀴는 돌아
단풍드는 이 가을에 우리 둘은 함께 있네
시월의 그날

※ 시월이십사일 결혼기념일.

막내

내리 사랑이라 했던가
막내만 보면 저려오는
가슴으로 앓는 애잔함

필시
주고도 더 주고 싶은
남은 사랑 다 주고 싶은
모정이리라

이제 짝을 만나
새로운 삶의 터전 마련했으니
부부애로 울타리 치고 살아도
울타리 밖으로 둘러쳐진
가족애를 잊지 말거라

성가를 부르며

물찬 제비 때 고운 목소리로
성가 부르며 성당에 갇힌 새떼들
높고 낮음의 음표 따라 스릴 느끼며
무지개 꿈 희망의 날개 펼쳐
비상을 꿈꾸던 젊은 시절

한 쌍의 새로 날아들어
둥지 튼지 어언 먼 세월 저 쪽

한 가족 배에 실은 희로애락 인생사
사십 년 세월의 삶의 애환
복음 물어다 나누며
가슴에 메아리로 감겨 주던 부활의 기쁨

당신은 지휘자 나는 성가대원
헨델의 할렐루야 합창이 성당에 울려 퍼지면
우리 부부의 기쁨도 함께 하나니

할렐루야 할렐루야
오~할렐루야

그리움

만남의 기쁨과 이별의 슬픔은
그리움 기름 되어
가슴에 심지 하나 박으면
농밀해진 그리움 방울방울로
저 어둠 밝힐 수 있을까

밝혀 촛불로 태우며
영롱한 이슬 방울방울
속에 들어 있는 너의 커다란 눈동자
사랑의 빛으로 새벽을 열 수 있을까

새벽 열어 그리움 가슴 깊이 박혀
삶의 뒤안길에서 아픔으로 다가와
잠든 영혼 깨울 수 있을까

깨워 아린 세월 갈피마다
새겨진 소망을 위하여
그리운 사람 불러볼 수 있을까

그리운 사람은 그리워하며 살자

허무한 마음

싸늘한 바람 불어와 낙엽 쌓이는 깊은 가을 날
얼마 전 암으로 돌아가신
남편 잃은 외로움 탓일까
그녀가 나를 방문하였다

일생을 희생하여 5남매를 짝지워 보내고 나니
맞벌이에 바쁘다는 이유로 혼자 살게 된 할머니
눈뜨면 달려드는 햇살 무지갯빛마다
물안개처럼 피어나는 애틋한 그리움

빠른 속도로 변하는 의식과 관습을
누가 막을 수 있으며
멀어져 가는 인심을 누가 붙잡을 수 있는가
주어버린 사랑이 가슴 아프고
받지 못한 사랑이 미움으로 쌓이는데

오늘도 삶과 미련에 연연하여
눈물로 고달픈 팔십 세월
흰머리와 주름살의 연륜으로
무거운 발자국 떼시는 할머니

너를 보내고

너를 보내기 위해 나선 발걸음 앞에
까치 한 쌍 날아와 재잘거리며
나뭇가지 입에 물고 날아오른다

집은 다 지었을 텐데 부실해서
세찬 바람 새어드는 구멍을 막으려는 건지
가족을 위한 너의 마음 엿보는 것 같구나

그렇게 아끼던 처자를 두고
눈은 어떻게 감았을꼬

심신의 암덩이 모두모두 훨훨 불태우고
고통 없는 저세상에서 평화로이 안식하렴

벽제의 불 속에 너를 넣어두고
누나의 쏟아지는 눈물 너의 사진 적시는데
너를 앞세운 산자의 슬픔을
너는 아느냐

그토록 갈망하던 생의 희로애락도
한줌의 재가 되어 돌아온 너를 보며
한 그루의 나무와 같은 생애에
허망과 허무의 삶을 되씹는다

용머리 납골당에 너의 유골을 두고
돌아서는 발걸음에 무거운 쇠추를 달아
우러러 보는 하늘에서 일월의 햇살이
차가운 비수가 되어 내 가슴에 꽂히는구나

망중한

새장에 갇힌 십자매의 소프라노에
화답이라도 하려는 듯
뜰 앞 나뭇가지에 날아든 멧새들의
엘토 베스의 합창 소리는
잠을 깨우고

닭 울음소리는 여명을 끌고 와
끌어온 만큼 어둠을 몰아내고
창 가득히 밀물처럼 밀려오는
눈부신 환한 햇살

세상의 모든 욕망 다 접어 버리고
마음 비우고 사는 시골 생활이
모두 다 행복이라는 그녀의 흰 머리와
생얼로 검버섯이 생겼어도
순수한 자연인으로 사는 모습이 아름답다

아지랑이 피어오르는 봄날
종다리 날개깃에 마음 실어 날려 보내며
자유를 만끽하는 오후 한때

며칠 쉬었다 떠나는
예쁜 전원주택의 망중한으로
속진에 얼룩진 삶을 씻은 탓인지
내 마음에도 날개가 돋혔다

자연화 한 폭

삶의 찌꺼기를
배낭에 구겨 넣고 오른다

세월의 강한 바람에 떠밀려
헉헉대는 숨소리에 지쳐
며칠간 입원한 병실

사각 창에 서린 자연화 한 폭의 속삭임

산마루 목에 걸친 머플러 구름과
뺨을 스치고 지나가는 부드러운 바람
고요히 흐르는 강물은

구름같이 산같이 바람같이
물같이 순수하게 살라고

병실에서 반듯한
사각 창에 보인 자연화 한 폭이
나에게 가만히 속삭인다

발자국 네 개

간밤 내린 눈
새하얀 도화지를 펼쳐 놓았다

도화지 위에 찍힌
발자국 네 개
나란히 걸어가는
동행이 있었나보다

뽀드득 뽀드득
가슴에서 가슴으로 울림 하는 메아리
칭칭 허리에 두르고 함께 걷는
당신과 나는
영원한 동반자

네 개의 발자국이 눈 위에 찍혀 있다

다시 눈은 빗장을 열고

백내장과 망막 수술로 애꾸눈이 되어
엎드리고 옆으로만 누워
동면을 하는 것은 고통스러운 일이다

눈을 감고 우주를 돌리며
상사의 날개를 펴고
조물주의 신비로움에 감탄 한다

날이 갈수록 조금씩 보여 지는
개안의 신비로움
우주를 품에 안은 기쁨이다

푸른 하늘은 서서히
눈의 빗장을 열고
사물은 조금씩 내 눈동자로 걸어 들어왔다

두 눈을 뜨고 사물을 볼 수 있음은
커다란 신의 축복이다

두 눈은 내 몸의 등불이며 길잡이이다

발자국 눈길

곰이 되어 동면하는 올 겨울
안과로 치과로 관절염으로
고장 난 육체는 발을 붙들어 놓았다

백 삼년만의 함박눈은
순백의 천지를 만들어 놓아
오르는 뒷산은
나뭇가지마다 눈꽃피어 눈부시고
소복히 쌓인 산길은 발자국으로 길을 낸다

용왕산 팔각정에 올라서니
양손 꼭 잡은 서강대교를 바라보며
그대의 따뜻한 손 꼭 잡고
서로를 바라보게 하는 따스한 이 느낌

오랫동안의 모든 고통 백설로 덮어 놓고
쌓인 눈의 무게 밀쳐내고
돋아 나오는 수선화 꽃잎처럼
봄의 환생에 큰 호흡을 해 본다

개원을 축하하며

아들에게
새벽 하늘 여명이 조금씩 밝아와
태양에서 쏟아지는 햇살이
방방곡곡 어둠을 몰아내는 정오
아빠가 가져온 커다란 꽃다발 향기 속에서
작은 귀동은 세상에 태어났었지

쌍꺼풀진 커다란 눈동자 마주칠 때마다
해맑게 방긋방긋 웃는 너의 미소는
가족에게 기쁨을 주고 사랑을 일깨우고
정을 일으켜 세우며 언제나
박하사탕같이 환한 가슴을 안겨 주었지

학창시절엔 지혜롭고 똑똑한 미소녀가 되어
공부 외에도 각종 대회에서
백 장이 넘는 다양한 상장과 트로피와 메달
Y대 영문과 입학은 가족에게
희망과 기쁨을 주는 태양이었지

세상은 넓고 삶은 다양한 안목을 넓히기 위한
유학은 각종 인생살이의 흐름을 공부하여
지적인 삶을 살찌우기 위해
열심히 공부하였으리라 믿는다

드디어 출발하는 사회의 첫 걸음
경쟁의 힘겨루기에 주눅 들지 말고
어깨 활짝 펴고 푸른 혈맥과
달군 쇠 두드리는 자맥질로
넘실대는 젊은 심신 견고히 다듬어
욕망과 물신의 야영장인 세상의 부패 속에서
사리보다 귀한 소금이 되고
어둠의 끝 사위어 희망심지 하나 뜨겁게 박고
많은 지식을 갈구하는 모든 학도들의
길을 밝혀주는 불꽃이 되길

희로애락 인생사도 마음먹기에 달렸다
매사에 긍정적으로 생각하고 낙천적으로
마음 가지면 어떤 어려움도 쉽게 넘길 수 있다

하느님이 주신 지혜와 사대육신 건강함과
영리한 용기로 세상바다에 뛰어든 삶이
순풍에 돛단배가 되어 잘 헤쳐 나가게 되리라

사랑하는 아들아
다시 올 수 없는 젊음은 잠시일 뿐
높이 나르는 독수리와 같이
두 눈을 크게 뜨고 접은 날개 펼칠 때
더 넓은 세상을 보고 보다 나은 삶을 관찰하여
짧다면 짧고 길다면 긴 여정의 생을
현명하게 살아가길 바란다

개원을 축하하며
천주님의 은총아래 무궁한 발전을 기원 한다

꽃피는 봄날 엄마가

제5부

시집 평설

■ 시집 평설

진술대상으로서의 '사물'과 '사물'의 진술

박진환
(시인 · 문학평론가)

1. 전제

시란 간단히 말해 가장 아름답고, 인상적이고, 다양하게, 효과적으로 사물을 진술하는 방법이라고 말한 것은 메슈 아널드다.

이 저적에서 진술의 대상이 되는 '사물'은 사전적 의미로는 '모든 일과 물건'으로 되어 있다. 여기에서 '모든 일'이란 존재하는 것과 관계되는 연계성이며 '물건'이란 존재하는 모든 것일 수 있게 된다. 이로 미루어 보면 사물이란 그것이 정신적인 것이든, 물질적인 것이든 존재하는 모든 것을 지칭할 수 있게 된다. 크게는 우주적인 것으로 천상적인 것도 될 수 있고, 지상적인 것도 될 수 있으며, 작게는 자연사물이나 개인적인 것이 될 수도 있게 된다.

이로써 미루어 보면 아널드가 말한 '사물을 진술하는 것'은 지상이나 천상, 자연이나 자연사물 등 모든 존재하는 것이 될 수 있게 된다. 그리고 이 존재하는 모든 것을 '진술하는 방법'이란, 레토릭을 의미한다. 곧 '아름답고', '인상적이고', '다양하게', '효과적으로' 진술함으로써 감동을 체험하게 하는 그런 진술, 곧 수사법을 의미하게 된다.

일테면 언어로써 사물의 미적 해석에 기여한다는 뜻쯤이 되는데 이는 곧 사물의 설득력 있는 해석이나 비의의 발견을 통해 사물을 형상으로 재구성해주는 것이 시라는 등식쯤을 성립시킨다.

감동을 체험하게 하고, 감동에 값하게 하는 레토릭은 다양하다. 비유·상징과 같은 전통적 수사 말고도 왜곡·날조·위장·은폐를 통해 새로움으로 태어나게 하는 변용이나, 짐짓 사실을 후경으로 감추고 그에 값하는 것을 전경으로 펼쳐내는 전경화, 그리고 양극화를 합일시키는 형이상적 컨시트 등은 다시의 레토릭이거나 레토릭을 이끌어내는 인간의 정신적 능력이자 언어의 마술이다.

특히 현대시를 일컬어 의도된 제작이라거나, 기도된 제작이라고도 한다. 천성의 유희가 아닌 일종의 의도한 바를 더 잘 드러내기 위해 기술을 가미한다는 뜻인데 이를 현대적 기획이라고도 하고 고도한 지적 조작이라고도 한다.

박필경 시인의 제4시집이 되는 『시월의 그날』 도 전제에서 예외일 수는 없을 것 같다. 그것은 "지나온 삶의 지혜를 바탕으로 인생의 여로에서 생긴 삶의 향기를 모아 제4시집으로 묶어본다"는 책머리에 글이 이를 말해주고 있기 때문이다.

시인의 고백적 진술처럼 시집 속엔 '지나온 삶의 지혜'가 있고, '인생의 여로에서 생긴 삶의 향기'가 들어 있다. 그리고 이러한 삶과 삶을 이끌어온 지혜와 시인이 걸어온 생의 여정, 그리고 삶에서 배어나는 향기가 있다. 그것은 아널드가 지적했던 것처럼 삶을 '아름답고', '인상적이고', '다양하고', '효과적으로 진술'했기 때문으로 보아줄 수 있다. 여기에서 '효과적 진술'이란 다름 아닌 시를 시이게 하는 진술, 곧 현대적 기획으로서의 레토릭이다.

박필경 시인의 시는 그래서 두 경로의 해석이 필요할 듯싶다. 하나는 진술의 대상인 '사물'이고 다른 하는 '사물을 어떻게 효과적으로 진술했느냐'의 레토릭이다. 그리고 이러한 두 경로는 시를 제시, 구체화 했을 때 조명될 수 있을 것으로 본다.

2. 진술대상으로서의 사물

4부에 나누어 74편의 시를 수록하고 있는 시집 『시월의 그날』 은 네 시역을 설정하고 있다. 하나는 시로 쓴 삶의 해석이라고나 할까, 이를 삶의 향기로 제시하고 있고, 다른 하나는 자연의 발견이라고나 할까, 발견돼 자연이 환기시키는 경이로움이, 그리고 추억·회상·우정의 시간들과 가족사적 사랑과 개인적 사랑을 노래한 시역이 세 번째와 네 번째로 제시되고 있다.

제시된 네 시역별로 시를 제시, 구체화 했을 때 진술대상으로서의 '사물'의 여러 양태는 극명해질 것으로 여겨진다.

먼저 시를 제시해 보기로 한다.

영혼의 구근인 신앙을 토대로
생의 희로애락의 텃밭에서
삶의 향기를 마음으로 빚어냅니다

역마살 낀 삶의 몽상 끝에서
미명 속을 헤쳐 나갈 수 있는 먼 여행과
인생의 여로에서 잉태되어 출산된
산물로 날마다 비상을 꿈꿉니다

소라 한 쌍 귀걸이로 걸고
자연의 온갖 순수한 소리로
나는 살아 숨을 쉬며
들꽃 한 송이에도 가슴 떨리는
환희를 느낍니다

바쁜 삶에서 건져 올린 한 편의 시는
어려운 역경도 쉽게 넘기게 합니다
일상의 삶에 쾌감과 생동감을 줍니다

예시는 「나의 시는」 의 전문이다. 진술대상으로서의 '사물' 이전에 진술의 수단인 시로써 진술하고자 한 진술로서의 시에 대한 풀이가 선행돼야 할 듯싶다. 그것은 진술대상인 '사물'에 앞서 사물의 형상화를 통해 시로써 표출하고자 한 발상의 근저를 읽을 수 있게 해주기 때문이다.

시에 의하면 '생의 희로애락의 텃밭'에 파종하고자 한 '영혼의 구근'은 신앙이 되어주고 있다. 곧 영혼의 텃밭에서 생을 일구고 가꿔 생의 향기를 빚어내고자 한데서 시를 출발시키고 있다는 뜻이 된다. 그리하여 출발한 여행의 코스로서의 여로에서 발상된 것들이 시의 씨앗이 되고, 생의 여정의 길가 한 송이 꽃에서도 가슴 떨리는 환희를 체험하기도 한다. 그래서 생의 여로란 바쁜 삶 속에서도 한편의 시는 역경을 극복하는 정신능력으로, 또 생의 즐거움과 생동감을 불어 넣어주는 역동적 삶의 에너지가 되어준다는데 귀결된다.

시인의 시의식이랄까, 시정신이랄까, 시와 함께 하는 시의 삶이라고나 할까, 어쨌든 시는 생의 토대요, 텃밭이요, 환희이자 역동하고 생동하는 삶의 에너지가 되어주고 있음을 예시는 말해주고 있다.

이쯤에서 생의 에너지를 방출, 진술하고자 한 '사물'들의 양태를 제시해 보기로 한다. 먼저 삶의 향기를 방출해주는, 그리하여 삶의 활력소가 되어주는 진술대상으로서의 '사물'을 각 파트에서 1편씩만 골라 제시해 본다.

가) 유리창은 처 놓은 차일
열자 봇물처럼 흘러 들어오는
오월의 아침 햇살
햇살에 입술이 찔린
목단꽃은 찔려 입술 못 떼는 벙어리

나비 한 쌍
장난기라도 도졌는지
입술 간질인다

갓 백일 지난 손녀도 벙어리
벙어리끼리 나누는 미소가
함께 목단꽃으로 피어 있다

뒤돌아볼 여유도 없이 달려온 삶
잠시 발길 멈추고 서서
뒤돌아보는 가버린 날의

젊은 시절

나) 단군로의 능선 따라 오르는 길은
서해 바다가 엎드려 절하고
폭포처럼 쏟아지는 겨울 햇살이
조선의 아침을 열듯 서기롭다

멀리 남쪽으론 어머니 같은 한라산 음기와
북쪽으론 아버지 같은 백두산의 양기가
어우러진 어중간에
시조 단군왕검에게 제 올리던 참성단
마니산이 있다

단 앞에 올라서니
밤새 닦은 하늘이 말갛게 얼굴을 닦아주고
삐걱대던 내 가슴의 덧문도
활짝 열어준다

앞만 보고 달려온 세월의 뒤안길
푸른 꿈 되새김질 하며
정초부터 정기 받아
이 산 저 산 날개 달고 날아다녀 본다

다) 낙엽만 굴러도 깔깔대며
교복입고 갈래머리 흔들며 책가방 든 철부지들
환상의 꿈과 이상을 좇아
날개 펼치던 여고 시절
아득한 옛 추억이 되어 그리움으로 떠오른다

초가을 서늘함 갈비뼈 헤집고 들어와
허전한 그리움 역마살이 되어
전국에서 모여든 우리의 만남
경주 별장에서의 일박은
중년이 되어버린 연륜도 잊고
즐겁게 함께 머문 우정의 시간들

남은 여정 국화꽃처럼 꽃 피우기 위해
희로애락 인생살이 가슴에 담고
둥지로 돌아가야 하는 여자의 숙명
낙엽을 밟으며 세월의 발자국을 찍는다

라) 한 지붕 아래 일곱 식구 생을 일구며
오순도순 살아온 세월

시부모 모시기 삼십여 년

그중 반은 간병인으로 살았고
삼남매 자식들 위해서는
새벽잠 설치며 도시락 장수로 살았으니
모진 세월이 아니었던가

시간의 바퀴 멈추지 않고 돌아
시부모님은 떠나시고
삼남매 출가로 집 떠나니
껍데기만 남은 두 사람

조용한 적막으로
빈 공간 채울 때면
긴긴 겨울밤 함박눈 내려 쌓이듯
켜켜로 그리움이 쌓이는구나

예시 가)는 1부에서 뽑은 「목단꽃」, 나)는 2부에서 뽑은 「강화도 마니산」, 다)는 3부에서 뽑은 「여고 동창」, 그리고 라)는 4부에서 뽑은 「가족」의 각각 전문이다. 예시들은 각 파트를 대표하는 시는 아니다. 편의상 임의로 골라본 시편들로서 진술하고 싶은 '사물'의 몇 가지 유형에 불과하다.

예시 가)는 꽃을 좋아하는 이가 아니더라도 일상의 주변에서 가까이 하는 '모란'이다. 그러나 화자에게는 다른 의미로 접근

됐을 수 있다. 그것은 화자가 플라워디자이너란 점 때문이다. 어쨌건 '모란'을 부귀영화를 상징하는 그런 보편적 발상이 아닌 '벙어리'로 변용시켜 주고 있다. 그러나 '벙어리'일 수밖에 없는 이유를 '햇살에 입술이 찔려'서란 이유로 사실이 아니면서 사실에서는 체험할 수 없는 감동을 체험하게 해주고 있어 변용에 값한다고 할 수 있다. 여기에 갓 백일된 아직 말을 할 줄 모르는 '손녀'를 오버랩시켜 꽃과 손녀를 동화시키는 동일성을 성립시켜주고 있는 솜씨는 위트에 값한다. 그리고는 그 사이에 끼어 잠시 '모란'처럼 고왔던 젊은 날의 화자 자신을 개입시켜 회상해보게 하는 삶의 휴머니티가 있다.

예시 나)는 국토의식이랄까, 역사의식이랄까, 아니면 현장을 역사, 국토에 오버랩시켜 민족정기를 환기시켜 주는 '모란꽃'보다는 넓은 시각으로 사물을 포착하고, 포착 뒤의 비의까지를 형상으로 재구성하고자 하는, 진술대상에서 대상진술의 역발상을 통해 다양한 시각과 내면적 시각을 동시에 보여주고 있다.

예시 다)는 추억이랄까, 회상이랄까, 옛으로 돌아가 보는 한때의 때 묻지 않은 순수가 여고 동창들과의 만남으로 재구성되고 있다. 역시 진술대상의 또 다른 측면이다. 추억·그리움·해후·회상 등이 다양한 빛깔로 채색되고 있어 여고 시절의 꽃밭을 연상시켜주고 있다. 그러나 만남이 끝나면 각자의 둥지로 돌아가 아내·엄마·며느리로 살아가야 하는 돌아가는 발자국이 세월의 발자국으로 찍히는 귀로의 여인이 되게 된다.

재치 있는 발상과 발상의 시적 처리가 형상으로 재구성돼 설득력으로 작용하고 있다.

예시 라)는 결혼식이 있었던 시월의 그날에서 신부·며느리·엄마로 살아오면서 일군 가정을 중심으로 한 가족사적 진술이 중심이 되고 있다. 그 때문에 시어머니·남편·아들·딸들이 진술의 '사물', 곧 진술의 대상이 되고 있다. 그 때문에 '한 지붕 아래 일곱 식구의 생'이 메인 이미지가 되어주고 있다.

'시부모 모시기 삼십 년'은 간병인으로, 자식들 위해서는 '새벽 도시락 장수'로 살았던 세월, 그러나 지금은 삼남매 출가로 두 내외만 적막으로 쌓이는 공간에서 돌아보는 옛에의 그리움으로 살고 있는 삶이 선하게 보이는 듯하다.

풀이야 어쨌건 네 예시는 편의상 제시한 것들로서 화자의 다양한 시역을 통해 진술대상으로서의 '사물'의 측면적인 것들에 불과하다. 문제는 '사물'이 아니고 대상으로서의 '사물'을 어떻게 '아름답고', '인상적'이고, '다양하고', '효과적'으로 형상화 했느냐에 있다.

시를 제시, 이 점 극명히 했을 때 박필경 시인의 시적 여러 면모 또한 극명해질 것으로 본다.

3. 진술의 여러 양태

진술의 양태는 다양하다. 그 중에서도 전제에서 밝혔듯이 '아름답고', '인상적이고', '다양하며 효과적'인 진술에 의존한 시편을 제시, 이모저모의 진술의 레토릭들에 접근해 보기로 한다. 먼저 시를 제시해 본다.

가) 쏟아지는 비는 록 음을 밀치고
쉬임없이 맑은 구슬로 포도 위를
건반 삼아 두드리더니
옥구슬 구르는 소리가 튕겨 나와
빗속의 발걸음도 가볍다

그녀의 가늘고 긴 손가락이 고르는
음표 따라 파닥이며 일어서는
선율의 푸른 물고기

바흐 베토벤 슈만이 풀어놓은
파도의 칼 하나씩을 골라잡아
예술의 전당에선
한 소절씩 음을 잘라
식탁에 올리는 성찬의 요리가 한창이다

나) 새벽부터 핀 물안개는
산천초목을 점령했다

초입부터 영롱한 진주알을 단
가지들은 보석 밭

사방의 안개 벽에 갇히듯
물안개에 갇힌 젖은 영혼을 달래며

슬픈 넋이 아니라면 결코
저리 눈부시게 영롱할 수 없다고
안개 풀어 한 세상 펼쳐 놓고

산사람들의 넋을 송두리째 빼앗아간
가지마다 달려 있는 저 눈망울
찰나에 호흡이 멈추고 찰나에 숨을 쉬는
멈춤과 쉼 사이에서
잠시 속세를 잊어본다

다) 갈대숲길 따라 걸으며 밀어이듯 속삭이는
갈대의 말을 귀동냥 한다

이별이라고 말하는지 반갑다고 건네는 말인지
방언처럼 귀에선 갈대의 속삭임을
따라 걷는다

넓은 습지에 빠져 모가지만 드러낸 석양이
벌겋게 피를 토하고 핏물을 가르며
돌아오는 만선의 목선 하나

무슨 사연일까 먼 그리움 하나 가슴에 찍힌 채
사향처럼 환하게 번지는
흰 머리칼이 무거운 갈대숲에서
가버린 날의 젊음을 붙잡아본다

예시 가)는 「피아노 독주」, 나)는 「안개 속에 갇혀」, 그리고 다)는 「순천만에서」 의 각각 전문이다. 피아노 건반이 울려내는 소리를 '맑은 구슬'로, '푸른 물고기'로, 변용시켜 놓고 한 소절의 피아노 리듬을 '골라잡은 칼'로 다시 이동, '한소절씩 음을 잘라/식탁에 올리는 성찬의 요리'로 다시 이동함으로써 위트를 발휘하고 있는데 컨시트의 역할을 잘 활용하고 있다고 보여진다.

예시 나)는 아침 안개가 서려 물방울이 되어 가지마다 매달려 있는 것을 '보석밭'과, '눈망울'로 변용시켜 주고 있는데 안개를 '점령군'으로, 점령군에 영어된 '벽에 갇힌'으로, 두 경로의 변용으로 오버랩, 재구성해줌으로써 역시 변용의 솜씨에 값하고 있다.

그리고 예시 다)는 순천만 갈대 길을 걸으며 바람에 스치는 갈대잎을 '갈대의 말'로, 말을 다시 '이별', '반갑다' 등으로 풀이함으로써 '방언'의 해석을 곁들이고 있다. 그런가 하면 순천만 노을을 '벌겋게 피를 토하는' 석양으로, 귀로의 아쉬움 같은 것을 '사향처럼 환하게 번지는' 그리움으로 통역해내는 위트도 살만하다.

해석이야 어쨌건 화자가 보여준 변용·위트와 함께 착상의 기발성으로서의 컨시트는 박필경 시인의 시법에의 충실로 보아줄 수 있고, 그 결과 3시집에서는 닿을 수 없었던 레토릭 차원으로 자신의 시를 업그레이드 하고 있음을 증명해 보여준다고 할 수 있다. 이쯤에서 결어로 집약해도 될 듯싶다.

4. 결어

지금까지의 지적은 박필경 시인의 네 번째 시집 『시월의 그날』을 하나는 진술대상으로서의 '사물'을 통해, 다른 하나는 '사물'의 진술을 중심으로 이분법으로 풀이해본 셈이다. 그 결과 시집 『시월의 그날』은 다양한 진술대상을 대상의 진술이라는 레토릭으로 이동, 보다 '아름답고', '인상적이고', '다양하고', '효과적'으로 진술, 스스로의 시적 위상을 제고하는데 기여하고 있다는 점을 이번 시집으로 거둔 성과이자 결론으로 제시할 수 있다고 본다.

•

박필경 시인은 경남 하동 출생으로 1992년 월간『시와비평』에 시 당선으로 문단에 데뷔했다. 국제펜클럽한국본부 · 한국문인협회 · 하동문인협회 회원이며, 한국현대시인협회 중앙위원, 조선문학문인회 지도위원으로 조선문학문인회 2대 회장을 역임하였다. 조선시문학상과 허난설헌문학상을 수상하였다. 시집에『낯선 풍경 앞에서』,『바람의 이삭을 주우며』,『그리움은 외로움의 저편에 피운 무지개』,『시월의 그날』이 있다.

•

시월의 그날

2014년 8월 25일 인쇄
2014년 9월 10일 발행

지은이 / 박필경
발행인 / 박진환
펴낸곳 / 조선문학사
등록번호 / 1-2733
주소 / 120-853 서울 서대문구 통일로 389(홍제동)
대표전화 / 02-730-2255
팩스 / 02-723-9373

ISBN 978-89-98115-85-2

정가 10,000원

* 인지는 저자와 합의 하에 생략
* 잘못된 책은 서점에서 교환해 드립니다.